MANUEL

À L'USAGE

DES OFFICIERS D'ARTILLERIE

DE LA RÉSERVE

ET

DE L'ARMÉE TERRITORIALE.

CONSTRUCTION DES BATTERIES.

MANUEL

À L'USAGE

DES OFFICIERS D'ARTILLERIE

DE LA RÉSERVE

ET

DE L'ARMÉE TERRITORIALE.

———❦———

CONSTRUCTION DES BATTERIES.

MANUEL

À L'USAGE

DES OFFICIERS D'ARTILLERIE

DE LA RÉSERVE

ET

DE L'ARMÉE TERRITORIALE.

CONSTRUCTION DES BATTERIES.

PARIS,

IMPRIMERIE NATIONALE.

1876.

MANUEL

À L'USAGE

DES OFFICIERS D'ARTILLERIE

DE LA RÉSERVE

ET

DE L'ARMÉE TERRITORIALE.

CONSTRUCTION DES BATTERIES.

I

DÉFINITIONS.

1. On entend en général par *Batterie* la réunion sous un même commandement d'un certain nombre de pièces avec le matériel et le personnel nécessaires à leur service. Les batteries peuvent être mobiles, comme celles qui agissent sur les champs de bataille, ou fixes, comme les batteries de siége, qui restent pendant un temps plus ou moins long sur le même emplacement.

Dans ce cas, le mot *batterie* désigne aussi cet emplacement lui-même, disposé de manière à faciliter le service, et à protéger autant que possible le matériel et le personnel contre les feux de l'ennemi. C'est cette dernière acception que l'on devra lui attribuer dans ce qui va suivre.

2. Les batteries se distinguent les unes des autres et prennent des noms différents suivant :

1° Leur destination : batteries de côte, de place, de siége. Ces dernières seront seules étudiées ici.

2° Leur construction : batterie à *barbette*, quand les pièces tirent par-dessus la masse couvrante; — à embrasures, quand les pièces tirent à travers une ouverture ménagée dans la masse couvrante. La partie comprise entre deux embrasures se nomme *merlon*. Les pièces reposent sur le terre-plein. D'après la position de ce terre-plein par rapport au sol naturel, on dit que la batterie est sur le sol, enterrée ou au-dessus du sol.

3° L'espèce de bouches à feu : batterie de canons, — de mortiers.

4° Le genre de tir ou son objet : batterie *de plein fouet*, lorsque les pièces tirent à la plus grande charge qu'elles comportent et que le projectile décrit une trajectoire aussi tendue que possible à la distance où l'on se trouve du but; — *de tir plongeant*, lorsqu'on réduit la charge normale, afin d'obtenir une trajectoire plus courbe que dans le cas qui précède, et permettant d'atteindre le but derrière une masse couvrante.—Batterie *de brèche* destinée à ouvrir la fortification pour donner passage aux colonnes d'assaut. — *Contre-batteries* servant à ruiner les défenses de la place qui auraient des vues sur les batteries de brèche.

5° La direction des feux : une batterie est *directe*, lorsque les lignes de tir des pièces sont à peu près perpendiculaires à la face de l'ouvrage ou au front de la troupe qu'on veut battre.

Une batterie est *d'enfilade*, quand les lignes de tir sont sensiblement parallèles à la ligne à battre. S'il s'agit d'une troupe, on dit d'une batterie ainsi placée qu'elle prend *en flanc;* s'il s'agit d'une ligne de matériel, on dit qu'elle prend *en rouage.*

Une batterie bat *d'écharpe,* lorsque les lignes de tir ont une direction intermédiaire entre les deux précédentes.

Une batterie bat *à revers,* lorsqu'elle est établie en arrière du prolongement de la face ou du front qu'elle doit battre. Lorsqu'elle est dans une direction à peu près perpendiculaire à la face, on dit qu'elle prend *à dos.*

6° La situation par rapport aux travaux de l'attaque : les batteries de *1re période* sont construites avant l'ouverture de la tranchée et indépendantes du tracé des *parallèles.* On appelle ainsi des tranchées dont la direction générale est parallèle au front attaqué, et qui servent à relier entre eux les cheminements de distance en distance, afin de tenir des secours à portée des travailleurs en cas d'une sortie de l'ennemi. On les désigne sous le nom de 1re, 2e, 3e parallèles, en commençant par la plus éloignée de la place. Les batteries de *2e période* ou batteries *d'approche* peuvent être dans la parallèle, en arrière ou en avant.

Les batteries de *couronnement* sont celles qui sont construites dans le couronnement du chemin couvert. On désigne ainsi une sorte de parallèle qui suit le contour du chemin couvert à 4 mètres de sa crête en laissant de distance en distance des traverses pour se défiler des vues de la place.

II

MATÉRIAUX EMPLOYÉS.

Fascinages.

3. Toutes les fois qu'un talus formé avec des terres rapportées doit avoir une inclinaison plus roide que celle que prendraient naturellement les terres, il faut le revêtir. Les revêtements des batteries se font le plus souvent au moyen de *fascinages*.

Les bois les plus convenables pour la confection des fascinages sont ceux qui poussent de longues tiges droites, flexibles et garnies de rameaux sur une partie de leur longueur, tels que le jeune chêne, le

châtaignier, la bourdaine, l'osier, etc. —
Les jeunes pousses doivent être coupées
au pied, dans les taillis et jamais dans les
branches d'arbres.

Il faut les employer dans les vingt jours
qui suivent la coupe, ou sinon les immer-
ger dans l'eau pendant vingt-quatre heures
afin de leur rendre une partie de leur
flexibilité.

On relie les différentes parties des fasci
nages avec des harts faites de brins flexibles,
tortillés et repliés en boucle du côté du
petit bout. On emploie aussi beaucoup
maintenant des harts en fil de fer galva-
nisé.

Les fascinages employés par l'artillerie
pour les revêtements sont : les saucissons,
les gabions et les claies.

4. *Saucissons.* Les saucissons sont formés par des branches dont les gros bouts
sont aux extrémités et dont les petits bouts
se croisent au milieu ; ces branches, serrées
entre elles de distance en distance par des
harts, forment un cylindre plein de $6^m,3o$
de long sur $3 2$ centimètres de diamètre.

Pour faire un saucisson, on commence

par établir six chevalets formés chacun de deux piquets se croisant à angle droit, reliés au moyen de mèche : les chevalets à un mètre l'un de l'autre, les sommets des angles droits bien en ligne droite et à 4o centimètres au-dessus du sol.

Les brins sont placés sur les chevalets de chaque côté alternativement, les gros bouts taillés en sifflet et le sifflet tourné vers l'axe du saucisson, en retraite de bas en haut pour tenir compte du glissement produit ensuite par le serrage. Le saucisson serré doit avoir 32 centimètres de diamètre ou 1 mètre de circonférence, ce qu'on vérifie au moyen d'un bout de mèche de 1 mètre de longueur.

Pour serrer le saucisson et placer les harts, on se sert d'un cabestan, cordage de 2 mètres avec une boucle à chaque extrémité, dans lesquelles deux hommes passent les pinces de leurs leviers en serrant jusqu'à ce que le saucisson ait un peu moins de 1 mètre de circonférence ; on place une hart à côté du cabestan, en commençant l'opération par les extrémités, liant provisoirement le milieu pour maintenir les brins, et plaçant les harts de 20 centimètres en 20 centimètres alternativement de chaque côté. Tous les nœuds doivent être en ligne droite, l'extrémité de chaque hart sous celle qui la précède.

5. *Gabions.* Le gabion est un clayonnage cylindrique de 1 mètre de hauteur sur 56 centimètres de diamètre, formé autour de sept piquets disposés en cercle à égale distance l'un de l'autre. Pour faire un gabion, planter les piquets contre un gabarit dont la circonférence est divisée en sept parties égales par des coches; relever le gabarit jusqu'au milieu des piquets et l'y fixer; commencer le clayonnage sur le gabarit en remontant et l'arrêter au haut des piquets par quatre petites harts; retourner ensuite le gabion, enlever le gabarit, et continuer le clayonnage dans le même sens jusqu'à la hauteur voulue; placer quatre harts en commençant par les piquets qui n'en ont pas encore. Il faut entrelacer à la fois deux brins en commençant par les gros bouts, qui doivent être en dedans. Les deux brins sont alternativement en dedans et en dehors des piquets en passant l'un par-dessus l'autre; quand un des brins arrive au bout, le tortiller avec un nouveau brin, le gros bout en dedans. Serrer de temps en temps le clayonnage avec un maillet; le gabion fini, couper les petits branchages à l'extérieur et les laisser dans l'intérieur.

6. *Claies.* La claie est un clayonnage plan; quand on la fait à l'avance, on lui donne $1^m,30$ à $1^m,50$ de hauteur et 2 mètres de longueur; mais le plus souvent on la construit sur place, ce qui permet de lui donner les dimensions et les formes des surfaces à revêtir. Les claies se font comme les gabions, à l'exception qu'on n'entrelace qu'un brin à la fois; les piquets sont distants de 20 à 25 centimètres; les gros bouts des brins doivent être tournés tous du même côté.

Pour une même surface à revêtir, le saucisson, le gabion et la claie consomment respectivement des quantités de bois dans le rapport des nombres 1, 2/3, 2/9. Les solidités qu'ils procurent sont aussi dans le même rapport.

Les gabions sont préférés dans la plupart des cas parce que, tout en consommant peu de bois, ils donnent une solidité suffisante, et qu'ils sont plus commodes que les autres fascinages à mettre en place et surtout à remplacer.

Fascines. On emploie aussi dans quelques circonstances des fascines, dont la forme est analogue à celle du saucisson, et qui se construisent de même. Elles ont ordinairement 2^m,30 de longueur sur 22 centimètres de diamètre, et sont reliées par quatre ou cinq harts.

Sacs à terre.

7. Les sacs à terre sont employés pour apporter la terre nécessaire sur l'emplacement des batteries, qu'on est parfois obligé d'établir sur le roc ou très-près de l'ennemi. Pleins et fermés, ils servent aussi à faire des masques, des revêtements et même des épaulements entiers. Ils sont d'un grand secours pour faire les réparations journalières, combler les excavations produites par l'éclatement des projectiles creux, etc. Ils sont en forte toile de chanvre bien serrée. Un sac plein a 50 centimètres de long sur 30 centimètres de large et une épaisseur de 20 centimètres. Il faut à peu près soixante sacs pleins pour faire 1 mètre cube.

Bois à plates-formes.

8. On trouve dans les parcs de siége des bois à plates-formes dont les dimensions sont les suivantes :

	LON-GUEUR.	LAR-GEUR.	ÉPAIS-SEUR.
	m. c.	m. c.	m. c.
Heurtoir..................	2 60	0 22	0 22
Gîtes...................	4 55	0 14	0 14
Madriers (ancien modèle)..	3 25	0 325	0 055
Madriers (nouveau modèle).	3 00	0 25	0 08
Lambourdes-gîtes (pour mortiers de 32 et de 27 centimètres)...............	2 40	0 22	0 22
Lambourdes de recouvrement (pour mortiers de 32 et de 27 centimètres).........	2 00	0 22	0 22
Lambourdes (pour mortiers de 22 centimètres).......	2 00	0 165	0 165
Piquets à plates-formes....	1 00	0 09	0 09
Piquets d'armement.......	0 80	0 04	0 04
Madrier-gîte de place.......	1 00	0 30	0 085

Autrefois, toutes ces pièces étaient en chêne ; maintenant, pour les pièces enterrées, telles que gîtes ou lambourdes-gîtes, on emploie concurremment avec le chêne le pin, ou, à défaut, le hêtre, sulfatisés [1].

Matériaux divers.

9. Outre les matériaux qui entrent dans la composition des parcs et dont les dimensions sont réglementaires, on peut employer, soit à la construction des épaulements, soit à celle des blindages, tous les objets que l'on trouve sous la main, tels que : chapes, barils, caisses d'armes, paniers, bois de charpente, planches provenant de démolitions, sacs de laine ou de coton. Le bois et les objets combustibles ne doivent pas être exposés directement au feu de l'ennemi. Les arbres de moyenne grosseur, non équarris et coupés en rondins, peuvent dans certains cas remplacer les saucissons. Enfin, si l'on est à proximité d'une voie ferrée, on y trouvera des

---

[1] Instruction ministérielle du 14 janvier 1875.

matériaux d'une grande utilité pour les blindages. Les traverses fourniront des lambourdes de $2^m,75$ de long et de 20 à 30 centimètres d'équarrissage. Les rails, combinés avec des saucissons ou des rondins recouverts de terre, peuvent offrir une très-grande résistance. Ils ont ordinairement une longueur de $5^m,50$ ou 6 mètres et pèsent environ 200 kilogrammes.

III

ÉLÉMENTS DES BATTERIES.

10. Une batterie comprend trois éléments principaux : 1° le terre-plein ; 2° la masse couvrante ; 3° les magasins à poudre.

Terre-plein. Le terre-plein est l'emplacement occupé par les pièces et par le personnel destiné à les servir.

Le terre-plein peut être, relativement au sol, au-dessous, au même niveau ou au-dessus.

En plaçant le terre-plein au-dessous du sol, c'est-à-dire en faisant une batterie enfoncée, on trouve les avantages suivants :

2

1° Les terres provenant de l'excavation pourront être jetées en avant pour contribuer à la formation de la masse couvrante. Le temps nécessaire à l'établissement de celle-ci sera donc moindre, pour cette double raison qu'une partie en sera constituée par les terres vierges laissées en avant de l'excavation, et que le surplus pourra être pris de deux côtés à la fois.

2° L'épaulement ayant pour base une terre vierge sera plus solide et, ayant moins de relief au-dessus du sol, offrira un moindre but aux coups de l'ennemi.

Les batteries enfoncées réunissent donc au plus haut degré deux avantages importants, la rapidité et la solidité de construction. Mais leur emploi n'est pas toujours possible, soit par suite de la nécessité d'avoir un tir rasant qui serait arrêté par les travaux situés en avant, soit par la nature du sol. Toutefois, avec la grande portée des pièces actuelles, on a une plus grande latitude qu'autrefois dans le choix de l'emplacement, et l'on pourra presque toujours éviter les batteries sur le sol et à plus forte raison celles qui seraient surélevées.

Il est nécessaire pour la précision du tir que les affûts reposent sur un sol ferme et uni, les deux roues à la même hauteur. Pour cela, on recouvre le sol d'une sorte de plancher qu'on nomme *plate-forme*.

La plate-forme, pour ne pas se déformer pendant le tir, doit s'appuyer sur de la terre rassise et jamais sur une terre fraîchement rapportée.

11. Le niveau de la plate-forme est déterminé par la hauteur de la bouche de la pièce supposée horizontale au-dessus du sol, ou *hauteur de genouillère*, et par la profondeur de l'embrasure. Si l'on admet que cette dernière ne doit pas dépasser 60 à 70 centimètres, on sera conduit à placer la plate-forme au-dessous de la crête de la masse couvrante d'une quantité égale à cette profondeur, plus la hauteur de genouillère relative à chaque pièce. Ces hauteurs sont les suivantes :

HAUTEURS DE GENOUILLÈRE.

	m.	c.
Canon de 12 de siége..............	1	00
Canons de 24 de siége et de place sur affût de siége.................	1	20
Canons de 24 de place sur affût de siége exhaussé..................	1	45
Canon de 138 millimètres sur affût à soulèvement.................	1	45
Canon de 138 millimètres sur affût de siége transformé................	1	50
Canons de 16 centimètres et de 22 centimètres de la marine sur affût de côte.................	1	60
Canon de 22 centimètres de la marine sur affût marin................	1	00

NOTA. Les canons de 12 et de 24 doivent disparaître des équipages de siége dans un avenir prochain. Les canons de 16 centimètres et de 22 centimètres affectés à l'armement des places peuvent être utilisés aussi dans les siéges, mais n'ont pas encore d'affûts spéciaux pour ce service.

Ces nombres sont relatifs à la position horizontale de l'axe de la pièce; si l'on tire sous un angle incliné au-dessous ou au-dessus de l'horizon, la bouche se trouve abaissée ou relevée d'une quantité que l'on peut prendre égale à 10 centimètres par 5 degrés d'inclinaison. Le premier cas ne se rencontre guère que pour les batteries de brèche dans le couronnement du chemin couvert. Il est au contraire très-fréquent que l'on tire sous un angle élevé au-dessus de l'horizon : on a tout intérêt alors à profiter de l'augmentation de hauteur de genouillère pour enfoncer davantage la plate-forme, et diminuer la profondeur de l'embrasure.

Malgré cela, la protection que les servants reçoivent de la masse couvrante serait insuffisante le plus souvent s'ils se trouvaient au même niveau que la plate-forme.

Pour éviter cet inconvénient, on creuse de chaque côté de celle-ci une excavation dont le fond doit être au moins à $2^m,30$ au-dessous de la crête en avant, et à $2^m,50$ en arrière. — Cette excavation se continue en arrière de la plate-forme de manière à permettre la circulation dans toute la batterie ; mais, pour ne pas gêner l'armement, on ne creuse en arrière que lorsque les pièces sont en place.

Les pièces peuvent être séparées soit par des traverses pare-éclats, soit par des traverses contre les feux d'écharpe ou d'enfilade, dont l'opportunité sera discutée plus loin.

Lorsque la plate-forme est peu élevée au-dessus du fond du terre-plein, on la raccorde par une petite rampe; lorsque la différence de niveau est assez considérable, on accède à la plate-forme par des gradins en fascines.

12. *Masse couvrante.* Quand on n'a à craindre que des coups directs, la masse couvrante est constituée par l'épaulement, masse de terre située en avant des pièces. Elle doit être complétée par des retours et des traverses si la batterie est prise d'écharpe ou d'enfilade.

L'épaulement est formé au moyen de terres prises dans l'excavation du terre-plein et dans un fossé creusé en avant. Son relief au-dessus du terre-plein est donc formé d'une masse de terre vierge ayant une hauteur égale à l'enfoncement du terre-plein, surmontée de terres rapportées.

L'épaulement est terminé extérieurement par trois surfaces planes qui sont : le *talus intérieur*, le *talus extérieur* et la *plongée*. Les lignes de séparation de ces surfaces sont la *crête intérieure* et la *crête extérieure*.

Mais il ne faut pas perdre de vue que ces lignes, qui servent à la représentation du plan de la batterie, n'existent pas en réalité; il faut bien se garder d'accuser les arêtes saillantes visibles du dehors (fig. 1).

13. *Talus.* Le talus intérieur doit être aussi roide que possible, pour que les pièces soient bien couvertes et qu'elles puissent s'engager dans les embrasures. Il se compose de deux parties : l'une taillée dans le sol vierge qui peut se maintenir en général à une inclinaison voisine de $\frac{3}{1}$; l'autre formée de terres rapportées, qu'il faut soutenir par un revêtement. Entre les deux est une berme de 40 à 50 centimètres de largeur qui soutient le revêtement, et sur laquelle on peut déposer quelques projectiles. Afin de rapprocher autant que possible la pièce de l'épaulement, on entaille cette berme vis-à-vis la pièce et pour le passage des roues.

Le talus extérieur, exposé au feu de l'artillerie, est tenu à l'inclinaison des terres coulantes qui est moyennement $\frac{1}{1}$.

14. *Plongée.* Dans les batteries de siége, on ne tire jamais par-dessus la plongée au-dessous de l'horizon; il n'y a donc pas lieu de l'incliner du dedans au dehors, ce qui lui enlève une partie de sa solidité. Toutefois, lorsque les terres sont argileuses, on peut lui donner une légère inclinaison, tout juste nécessaire pour l'écoulement des eaux pluviales à l'extérieur.

15. *Épaisseur de l'épaulement.* L'épaisseur de l'épaulement est la distance horizontale comprise entre les crêtes intérieure et extérieure. Elle était autrefois de 5 ou 6 mètres; mais, eu égard aux pénétrations et aux effets d'éclatement des projectiles actuels, on doit la porter à 7 ou 8 mètres [1].

---

[1] On sait depuis longtemps, et les expériences récentes ont encore confirmé ce fait, que la nature des terres a une grande influence sur la pénétration des projectiles. Les terres légères, sablonneuses, se

On peut réduire cette épaisseur si la batterie n'est pas exposée à des coups directs d'artillerie. C'est le cas des batteries de brèche dans le couronnement du chemin couvert, qui peuvent n'avoir que 4 mètres d'épaisseur d'épaulement.

16. *Crête intérieure.* La meilleure direction à donner à la crête intérieure et à l'épaulement est en général celle de la perpendiculaire à la direction du tir, car on peut ainsi rapprocher le plus possible les pièces de l'épaulement. Cependant, cette règle souffre quelques exceptions dans le cas du tir vertical, ou lorsque, l'épaulement étant tracé à l'avance (batteries dans la parallèle), sa direction s'écarte peu de la perpendiculaire aux lignes de tir.

On a vu plus haut que la hauteur de la crête intérieure au-dessus du fond du terreplein devait être d'au moins $2^m,30$. Ce nombre avait été adopté autrefois par la condition de couvrir un homme placé à

---

laissent traverser beaucoup moins facilement que les terres argileuses, et l'on doit y avoir égard dans chaque cas particulier pour la détermination de l'épaisseur de l'épaulement.

l'arrière du terre-plein contre le tir de plein fouet. Il est évident que la hauteur de la masse couvrante qui satisfait à cette condition doit dépendre : 1° de la longueur du terre-plein; 2° de l'obliquité du tir; 3° de la valeur de l'angle de chute, et augmente avec ces trois quantités.

Si l'on suppose que la longueur de terre-plein à couvrir $AB = 6$ mètres, la direction des feux dangereux normale à l'épaulement et leur inclinaison égale à 1/6, conditions relativement favorables, on voit que la hauteur AD nécessaire pour couvrir en B un homme de $1^m,80$ devrait être $1^m,80 + 1$ ou $2^m,80$.

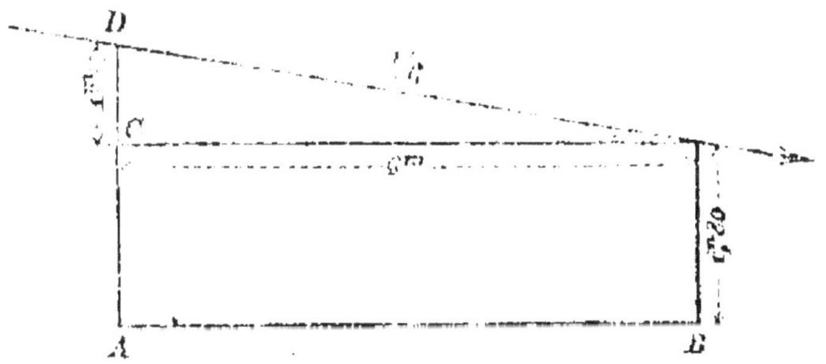

On voit donc que l'ancienne valeur $2^m,30$ serait souvent insuffisante, maintenant surtout que l'on tire à de plus grandes distances et que les angles de chute sont plus considérables.

Le relief total est égal à l'enfoncement du terre-plein augmenté de la hauteur de la crête au-dessus du sol. Cette dernière valeur est souvent commandée par le mode de construction de la batterie; ainsi, pour les batteries rapides, on pose le revêtement à la sape volante, c'est-à-dire qu'on le forme d'un rang de gabions surmontés d'une couche de terre de 30 centimètres. Si l'on voulait être couvert comme on vient de le supposer, il faudrait enfoncer le terre-plein de $1^m,50$, ce qui n'est pas toujours possible. On tâchera du moins de se rapprocher des conditions précédentes en inclinant le fond du terre-plein d'avant en arrière, de manière à augmenter sa profondeur derrière la plate-forme.

17. *Traverses.* Lorsque les coups dangereux sont très-obliques par rapport à l'épaulement, celui-ci ne couvre plus assez, et il faut alors pour arrêter les coups retourner la masse couvrante parallèlement à la ligne de tir de la batterie pour la rapprocher le plus possible de l'espace à couvrir. S'il s'agit de la dernière pièce de la batterie, on forme ainsi un retour R (fig. 2); pour les pièces intermédiaires, on a des traverses T. On obtient la longueur minimum de leurs crêtes en menant par le point le plus exposé A une parallèle à la direction limite des coups dangereux. Si la batterie est prise d'enfilade, il faut prolonger les traverses jusqu'à l'extrémité du terre-plein et ménager un passage à l'arrière, et comme ce passage serait difficile à couvrir, on pourra aussi en faire un contre l'épaulement; il convient alors de le blinder solidement.

Ces traverses, ne recevant quedes coups obliques, peuvent avoir une épaisseur moindre que celle de l'épaulement; on peut se contenter de 6 mètres à la base, et, même dans ces conditions, on augmenterait beaucoup le développement des batteries s'il fallait les traverser de pièce en pièce; on se contente ordinairement de le faire de deux en deux, en resserrant le plus possible les pièces entre deux traverses. On pourrait aussi remédier à l'insuffisance des traverses en augmentant la hautéur de chacune d'elles comme on le fait en fortification permanente; mais il est mauvais en général d'indiquer la position des pièces d'une batterie par des lignes transversales visibles de loin et qui servent de points de repère.

Le talus intérieur sera revêtu; celui qui est exposé aux coups d'écharpe devra être à terres coulantes.

18. *Tracé à redans*. L'emploi des traverses peut être remplacé par le tracé à redans (fig. 3).

Dans ce tracé, la crête intérieure est formée par une suite de lignes rectangulaires formant des angles alternativement saillants et rentrants.

L'épaulement d'une pièce sert de traverse pour la pièce suivante, et les dimensions des branches sont déterminées par les mêmes conditions que pour les traverses. Le revers du terre-plein et le pied du talus extérieur ont la même forme. On peut simplifier le tracé de ce dernier, lorsque les branches sont courtes, en le menant parallèlement à la ligne qui joint le sommet des angles saillants.

Les batteries à redans et les batteries traversées ont chacune leurs avantages et leurs défauts. Les premières présentent un moindre développement et sont bien mieux protégées contre les feux plongeants d'enfilade ; mais elles sont moins solides à cause des nombreux angles saillants de l'épaulement, et elles sont plus compliquées à tracer et à construire. Dans tous les cas, si la batterie est exposée à un feu d'enfilade, il sera toujours bon de la fractionner en portions en retraite les unes sur les autres, de manière à ne pas placer une trop grande longueur dans la direction du tir.

Le tracé à redans peut être imposé par l'existence de travaux antérieurs à la batterie. C'est ce qui arrive pour les batteries dans la parallèle quand la normale à la parallèle fait un angle de plus de 10 degrés avec la direction du tir. On ne pourrait pas conserver le tracé primitif sans avoir des embrasures trop obliques, et les pièces en batterie se trouveraient trop loin de l'épaulement.

19. *Traverses pare-éclats.* Indépendamment des traverses destinées à protéger le terre-plein contre les feux d'écharpe ou à atténuer un défilement insuffisant, il est indispensable, même dans le cas des feux directs, d'établir de distance en distance des traverses pare-éclats destinées à protéger les servants contre les éclats des projectiles creux, ou du moins à localiser leurs effets. Ces pare-éclats consistent en un gabionnage rectangulaire reposant sur le sol naturel, et dont le centre est rempli de terre. Il n'est pas nécessaire de leur donner une grande épaisseur, mais ils doivent être facilement réparables, et il faut que les servants puissent circuler tout autour. En plaçant une traverse semblable entre chaque pièce on a encore l'avantage de pouvoir accélérer la construction de la batterie, en se servant de leur emplacement comme de relai. C'est ce qui leur a fait donner aussi le nom de *traverse-relai.*

20. *Parados.* Lorsqu'une batterie est assez rapprochée de la place pour qu'on ait à craindre les feux verticaux, il est bon de se protéger contre les éclats des projectiles qui tomberaient en arrière de la batterie.

On le fait au moyen d'une petite levée de terre faite au revers du terre-plein.

21. *Écoulement des eaux.* Le terre-plein étant enfoncé, il faut se débarrasser des eaux pluviales en donnant une inclinaison au terrain de l'avant à l'arrière et en conduisant les eaux par des canaux soit dans le fossé en avant de l'épaulement, soit dans des puisards.

22. *Embrasures.* Les embrasures sont des ouvertures pratiquées dans l'épaulement pour donner passage au projectile et à la volée de la pièce.

On distingue dans une embrasure : la directrice, qui indique la direction moyenne du tir, les ouvertures intérieure et extérieure, intersections de l'embrasure avec les deux talus de l'épaulement; le fond, qui limite l'inclinaison du tir vers le sol, et les joues, qui raccordent le fond avec la plongée de l'épaulement.

Le champ est le secteur renfermant tous les coups que l'embrasure permet de tirer. Le champ dépend du rapport de la lon-

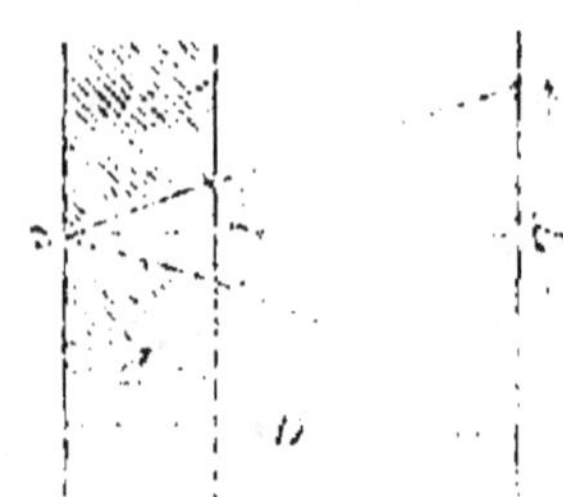

gueur l de l'ouverture extérieure à l'épaisseur d de l'épaulement d comptée sur le fond de l'embrasure. L'étendue du champ est déterminée par la largeur L du but que l'on veut battre et par sa distance D, car on a la relation $\frac{d}{D} = \frac{l}{L}$ d'où $l = L \times \frac{d}{D}$.

On voit donc que, pour une même dimension du but L, l'ouverture extérieure nécessaire sera d'autant plus petite que la distance du but sera plus grande. Mais il faut aussi que l'ouverture soit assez large pour donner issue aux gaz de la poudre, sans quoi l'embrasure serait promptement détruite [1].

L'ouverture intérieure doit être aussi petite que possible et les joues assez roides pour affaiblir le moins possible l'épaulement, surtout quand l'embrasure est profonde. Dans ce cas l'ouverture intérieure

---

[1] On admet généralement que l'ouverture extérieure doit être au moins égale à la moitié de la longueur du fond de l'embrasure.

est formée par un rectangle ayant pour hauteur ab la profondeur de l'embrasure, et pour largeur bc ce qu'il faut pour le passage de la volée de la pièce.

L'ouverture extérieure ef étant déterminée par les considérations précédentes, le fond est limité par les lignes be, cf (fig. 4).

L'inclinaison des joues va en croissant depuis la crête intérieure jusqu'à la crête extérieure, où elle a pour valeur $\frac{3}{1}$, de sorte que le point m étant déterminé par cette condition, la joue ame est une surface gauche qui a pour directrices les deux lignes be et am. Ce mode de construction ne pourra être réalisé qu'au moyen de revêtements en fascinages. C'est ce que l'on ferait par exemple pour les batteries de brèche dans le couronnement du chemin couvert, dont l'emploi ne se présentera plus qu'exceptionnellement.

Mais, dans le cas général, lorsque des batteries sont exposées à des feux d'artillerie directs, on doit proscrire les embrasures profondes et revêtues. Elles présentent de nombreux inconvénients : 1° l'ouverture extérieure découpe une échancrure visible de loin et servant de point de mire ; 2° elles forment un entonnoir évasé à l'extérieur qui guide les projectiles dans l'intérieur de la batterie ; 3° les revêtements sont rapidement détruits et les terres en s'éboulant obstruent l'embrasure. Cet effet se produit souvent par le tir même de la batterie. Ces défauts, signalés déjà pendant le siége de Sébastopol, sont bien plus importants maintenant, à cause de la plus grande justesse du tir et de l'emploi exclusif de projectiles explosifs. Ce sont ces considérations qui font admettre en principe que la profondeur de l'embrasure ne doit pas dépasser 60 à 70 centimètres, et que les joues seront à terres coulantes, comme on le fait en général pour tous les talus exposés aux feux directs.

De chaque côté de la directrice, le revêtement sera diminué de 40 centimètres au moyen de trois gabions de 60 centimètres de hauteur, ou de deux bouts de saucisson. Les figures 5 et 6 montrent la disposition générale à adopter ; on devra toutefois observer que les arêtes figurées en plan doivent être remplacées sur le terrain par des surfaces arrondies.

La profondeur de l'embrasure et la hauteur de genouillère fixent le niveau de la plate-forme comme il a été dit § 11, et, en se reportant aux nombres donnés pour le matériel existant, on voit que le matériel et les servants seront en général mal protégés sur la plate-forme. Mais cet inconvénient est encore moindre que d'être exposé à interrompre le tir à chaque instant; il disparaîtra d'ailleurs quand on donnera aux affûts des hauteurs de genouillère suffisantes.

Ainsi, le canon de 24 sur affût exhaussé a une hauteur de genouillère de $1^m,45$, ce qui met la plate-forme à $2^m,15$ au-dessous de la crête pour le tir de plein fouet. Pour peu que l'on tire à 1,600 mètres, ce qui donne un angle de tir minimum de 5 degrés, on pourra couvrir la plate-forme à $2^m,25$, et, si le tir était plongeant, on se trouverait dans des conditions tout à fait satisfaisantes.

On tiendra le fond de l'embrasure à contre-pente, c'est-à-dire incliné de bas en

haut, toutes les fois que le tir le permettra,
et cela arrivera, même pour le tir de plein
fouet quand la distance sera un peu
grande. Il suffit d'un angle de 5 degrés
pour cacher complétement l'embrasure
aux vues extérieures.

23. *Fossé.* Le fossé ne doit être consi-
déré que comme un moyen de fournir en
tout ou en partie les terres de l'épaulement.
Il n'y en pas lorsqu'on prend toutes les
terres en arrière (batteries de couronnement
ou dans la parallèle), ou que, en raison de la
nature du sol, on est obligé de construire
l'épaulement avec des terres rapportées.

Les dimensions du fossé dépendent de
la quantité dont on enfonce le terre-plein,
et il est inutile de chercher à les déterminer
à l'avance par la condition d'équilibre des
remblais et des déblais. On ne s'astreint
pas non plus à une forme régulière, mais
on devra approfondir le fossé ou l'élargir
d'après la facilité que l'on aura à en
extraire les terres. Dans les cas ordinaires,
on peut prendre 6 mètres à 7 mètres de
largeur, ce qui conduit à 1^{m},50 environ de
profondeur.

Entre le fossé et l'épaulement on ménage une berme de 75 centimètres, ou même plus lorsqu'on veut se ménager la possibilité d'augmenter plus tard l'épaisseur de la masse couvrante.

24. *Magasins à poudre.* Les magasins à poudre des batteries de siège sont destinés à contenir l'approvisionnement nécessaire à la consommation de vingt-quatre heures au minimum.

Ces magasins doivent remplir deux conditions principales : 1° assurer la sécurité des munitions; 2° être ni trop loin de la batterie, pour ne pas gêner le service, ni trop près, pour ne pas compromettre sa conservation en cas d'explosion.

La première condition s'obtient en défilant des coups de la place l'entrée du magasin et en le recouvrant d'un blindage capable de résister aux coups verticaux.

Un pareil blindage est fort difficile à établir avec les ressources dont on dispose dans un siège. L'expérience a montré que les toitures horizontales sont celles qui résistent le moins bien à la pénétration des obus ogivaux tombant sous de grands angles. Les toitures inclinées, comme celle de la figure 7, résistent mieux, parce que le projectile, arrivant sous une inclinaison voisine de celle de la toiture, pénètre difficilement jusqu'à la charpente, et que la percussion qui se produit sur les lambourdes agit dans le sens de leur longueur. Cependant des coups qui arriveraient dans la direction du sommet *A* seraient fort dangereux, surtout si par un tir violent de plein fouet on avait dispersé les terres à la partie supérieure. Pour qu'un pareil magasin puisse résister, il faut donc : 1° qu'il y ait toujours une forte épaisseur de terre au-dessus du sommet ; 2° enfoncer le magasin jusqu'au sommet dans les terres vierges, pour le soustraire à l'action du tir de plein fouet ; 3° combler immédiatement les entonnoirs produits par l'explosion des projectiles, et pour cela avoir toujours à proximité une provision de sacs à terre pleins que l'on n'ait qu'à vider dans ces entonnoirs.

On pourra profiter de la déclivité du terrain naturel pour réaliser les conditions précédentes, en faisant quelque chose d'analogue au magasin dont la coupe est représentée figure 8. La toiture sera formée de lambourdes jointives ou, à défaut, de solides rondins recouverts d'un lit de saucissons, et sera tout entière enfoncée dans la terre vierge. On est ainsi complétement à l'abri du tir de plein fouet, et l'on peut avoir une épaisseur de terre suffisante contre le tir plongeant, sans attirer l'attention de l'ennemi par un relief plus grand que celui des tranchées voisines.

Il ne sera pas toujours possible de trouver une position favorable à proximité de la batterie et de satisfaire à la deuxième condition; mais on pourra y remédier en établissant dans le voisinage de la batterie, à la queue des traverses et dans les communications, de petites excavations creusées dans la terre vierge et dans lesquelles on pourrait placer une caisse à poudre renfermant des munitions confectionnées.

Ces petits magasins, maintenus à l'intérieur par des bouts de madriers, sont fermés au moyen de quelques sacs à terre. Avec deux petits dépôts par pièce on assurera le service de la batterie, et il suffira de quelques voyages par jour aux magasins principaux pour les approvisionner. Ceux-ci seront alors indépendants du tracé de la batterie et pourront même être construits avant elle avec tout le soin désirable.

Les magasins à toiture inclinée ont une faible capacité; leur largeur au fond ne doit pas dépasser 80 centimètres. Quant à la longueur, elle n'est limitée que par la commodité du service. On aurait des magasins plus commodes et d'une contenance plus grande en les construisant en galerie de mine, comme on fait dans les places, mais on n'a pas toujours à sa disposition les matériaux et les moyens de construction nécessaires.

25. *Abris divers.* On évitera autant que possible de manier la poudre à proximité des batteries; les charges seront confectionnées au parc, et les magasins à poudre seront à proprement parler des magasins de gargousses.

Le tir plongeant sera de plus en plus rare, parce que, avec l'augmentation de justesse, on peut se placer plus loin et obtenir plus de vitesse restante, tout en ayant un angle de chute suffisant; il n'y aura donc pas lieu, en général, d'avoir des abris pour la confection des charges réduites. Cependant on pourra y recourir dans certains cas, par exemple pour le tir des mortiers lisses, ou lorsque, pour battre en brèche une escarpe bien couverte, on serait obligé de trop s'éloigner pour conserver une probabilité d'atteindre suffisante. Même dans ces circonstances, où le poids de la charge est réglé par les conditions du tir, il sera inutile d'avoir de la poudre en caisses ou en barils; les gargousses établies pour le tir à forte charge seront réduites dans un abri voisin du magasin de gargousses, au fur et à mesure des besoins, et apportées dans les petits dépôts de la batterie.

Les projectiles seront chargés d'avance, mais il faudra les mettre à l'abri contre le feu de la place. Si les siéges devaient être de longue durée, il serait bon aussi d'avoir, attenant à la batterie ou à proximité, des abris pour les hommes dans les moments de repos.

Pour la construction de ces abris, qui doivent avoir une assez grande capacité, on utilisera avec avantage les rails de chemin de fer. Le fond de l'abri doit être enfoncé au moins à 1^m,5o au-dessous du sol naturel, et il devient alors nécessaire de revêtir le talus intérieur; on le fera au moyen de cadres formés de poteaux espacés de 1^m,5o, d'un chapeau et d'une semelle. Les cadres seront arc-boutés contre la poussée des terres, et celles-ci maintenues par un coffrage en madriers (fig. 28).

Les rails de 6 mètres seront posés de champ, jointifs, les champignons alternés reposant sur le chapeau du cadre, en avant, et, de l'autre côté, sur un madrier enfoncé dans le sol naturel, contre un bout de rail posé en travers et retenu par des piquets. Par-dessus les rails on met une toile goudronnée, un lit de saucissons posés transversalement et une épaisseur de terre aussi grande que possible sans dépasser sensiblement la hauteur de l'épaulement, pour ne pas indiquer à l'ennemi la position de l'abri. Toutes les fois que la batterie sera masquée aux vues de l'ennemi, on devra au contraire surépaissir la masse couvrante, de manière à avoir au moins 2^m,5o de terres au-dessus du blindage. Dans ce cas, on pourra tenir le ciel du blindage horizontal, les rails reposant des deux côtés sur de solides cadres (fig. 29).

Les coups les plus dangereux sont ceux qui, arrivant sous un angle voisin de 45 degrés dans la direction MN, atteignent l'abri un peu au-dessous du ciel. De semblables blindages ont été ainsi traversés pendant le siége de Paris, mais ils ne l'étaient pas lorsqu'on avait eu la précaution de faire dépasser les rails du côté des coups dangereux. Les projectiles éclataient au contact des rails sans pénétrer plus avant. On a reconnu aussi, dans les mêmes circonstances et pendant le siége de Belfort, que les obus éclataient sans pénétrer profondément lorsqu'ils rencontraient à la surface de l'épaulement des corps durs, tels que rails, rondins ou pavés. Il sera donc bon de garnir les parties les moins couvertes de rails de 3 mètres posés à plat, ou, à défaut, de rondins légèrement enterrés, pour éviter les projections d'éclats. Ce revêtement devra être réparé dès qu'il aura été atteint par un projectile.

Ces abris pourront être établis en retour à l'extrémité des batteries, ou entre deux pièces, et serviront alors en même temps de pare-éclats. Les coffrages en madriers qui ne sont pas adossés à un talus doivent être protégés contre les éclats par un masque formé d'une ou deux rangées de sacs à terre. Une ouverture de 80 centimètres de largeur est ménagée contre l'épaulement.

Lorsque le terrain est fortement en pente du côté opposé à l'ennemi, on peut faire des abris très-simples en creusant le sol et en plaçant des rails en appentis reposant par leurs deux bouts sur le sol naturel (fig. 30). Les seuls coups à craindre sont très-obliques et la solidité du blindage peut être beaucoup moins grande. On pourra se contenter de poser les rails à plat et à 50 ou 60 centimètres d'intervalle, en les recouvrant d'un rang de madriers jointifs surmontés d'un lit de saucissons et de 1^m,50 de terre.

26. *Communications.* Les communications sont destinées à relier les batteries aux autres ouvrages d'approche. Elles consistent en général en une tranchée faite à la sape volante avec des gabions d'artillerie. Ces tranchées devront être défilées avec soin, puisque les passages y sont continuels pour l'approvisionnement de la batterie.

Les magasins à poudre étant, comme on l'a vu, établis plus loin, on utilisera les communications pour y placer un certain nombre de petits dépôts bien à couvert.

Si la batterie est hors de la parallèle, on évitera de la relier des deux côtés à la parallèle afin de moins gêner l'armement. Pour la même raison, si la batterie est dans la parallèle, on ne rétablira pas celle-ci en arrière, mais on se bornera à élargir un peu le terre-plein pour le passage des troupes.

Lorsqu'une batterie est voisine des communications, on la relie à l'un des boyaux en zig-zag. Quant aux batteries de 1ʳᵉ période, elles sont en général indépendantes des travaux d'approche. Le choix de leur emplacement est autant que possible déterminé par la condition d'un abord facile et d'un couvert naturel.

27. *Observatoires.* Le tir des batteries de

siége ne peut être efficace qu'à la condition d'être à chaque instant contrôlé et rectifié par l'observation. Il importe donc que l'officier chargé du tir ait un poste d'observation d'où l'on puisse apercevoir la chute des projectiles sans être trop exposé à la mousqueterie.

Cette nécessité se fait surtout sentir dans les batteries destinées à faire brèche de loin, dont les premiers coups doivent être relevés avec une grande exactitude, sans quoi le tir ne pourrait être réglé. Ces postes servent encore à surveiller l'ennemi et à prévenir la batterie des coups qui lui sont destinés. La position de cet observatoire sera indiquée dans chaque cas par les formes et les accidents du terrain. Il sera mis en communication avec la batterie par des signaux, ou mieux par un appareil télégraphique.

L'observatoire lui-même consistera le plus souvent en une gabionnade de tranchée surmontée de sacs à terre disposés en forme de créneaux.

IV

DÉTAILS D'EXÉCUTION.

28. *Terre-plein.* Si le terrain a une forte pente générale dans le sens de la crête intérieure, faire l'épaulement par ressauts en nivelant séparément des emplacements pour une ou plusieurs pièces. Quand on est arrivé au niveau de chaque plate-forme, creuser l'excavation pour les servants en se rapprochant le plus possible de la plate-forme pour ne pas trop écarter les pièces. L'excavation doit avoir au moins 1 mètre de large au fond ; on la raccorde avec la plate-forme par un talus roide si la différence de niveau n'est pas plus grande que 30 centimètres ; sinon, ou si le sol n'est pas résistant, on fait des gradins en fascines (fig. 5).

29. *Revêtements.* Le revêtement le plus simple se compose d'une ligne de gabions posés sur le sol naturel, surmontés d'un ou deux rangs de sacs à terre ou d'une ligne de fascines recouvertes de terre. On obtient ainsi un relief de $1^m,30$ à $1^m,40$.

Ce genre de revêtement convient aux

batteries rapides que l'on doit exécuter à découvert en une nuit, lorsque le terre-plein est enfoncé d'au moins 1 mètre. On commence par niveler le terrain le long du pied du talus intérieur sur une largeur de 60 centimètres, en donnant une pente de 6 centimètres du côté du coffre afin que les gabions soient inclinés au dixième.

On place les gabions les pointes en l'air et on les remplit le plus vite possible de terre bien damée. Les gabions sont maintenus au moyen de harts de retraite et de piquets à mentonnet (un piquet pour deux gabions) (fig. 1).

Commencer par mettre en place les gabions des directrices, puis les gabions intermédiaires, en les serrant bien. Un entre-axe de $8^m,40$ sera revêtu exactement par quinze gabions. Les trois gabions de chaque embrasure peuvent aussi être remplacés par deux bouts de saucisson de $1^m,70$.

Lorsque le terrain ne permet pas de s'enfoncer beaucoup, ou bien si la batterie pouvant être construite plus à loisir, on cherche à se couvrir davantage, il faut augmenter le relief au-dessus du sol naturel.

On pourra alors former le revêtement de deux rangs de saucissons surmontés d'un rang de gabions (fig. 9). On obtient ainsi un relief de $1^m,60$ et il est facile de s'enfoncer assez pour être couvert convenablement. Cette disposition s'applique en particulier aux batteries de mortiers qui tirent par-dessus l'épaulement. Il n'y a pas à se préoccuper de la hauteur de genouillère, et la plate-forme peut être établie au niveau général du terre-plein. On voit qu'il suffirait de s'enfoncer de 70 centimètres pour être couvert à $2^m,30$.

Placer le premier rang de saucissons dans une rigole de 10 centimètres environ de profondeur tracée sur le pied du talus, en ménageant une berme de 50 centimètres. Les saucissons d'un même rang sont lardés, c'est-à-dire qu'on fait pénétrer les unes dans les autres leurs extrémités, dont les brins sont taillés en sifflet. Ils ne sont pas piquetés pour éviter de faire ébouler le talus en terre. Le deuxième rang est placé sur le premier en retraite de 9 centimètres en alternant les joints. Il est retenu par des harts de retraite. Les gabions sont placés sur le deuxième rang, en retraite du demi-diamètre des saucissons, en ménageant l'ouverture des embrasures s'il y en a. On place ensuite un bout de saucisson pour former le seuil du fond de l'embrasure.

Lorsqu'une batterie est dans la parallèle, on peut quelquefois conserver l'épaulement de la parallèle; on se borne alors à remplacer les gabions du génie par des gabions d'artillerie, et le revêtement se fait comme il a été dit pour les batteries rapides. Mais si le talus de la parallèle n'offre pas assez de solidité ou si la direction de l'épaulement est oblique par rapport à celle de la parallèle, il faudra revêtir complétement le talus intérieur.

On peut le faire entièrement en saucissons. Il faut sept rangs de saucissons pour une hauteur de $2^m,30$. Ils sont placés en retraite de 9 centimètres les uns sur les autres, ce qui donne un talus incliné à 7/2. Les saucissons sont reliés les uns aux autres par des piquets à larder qui traversent à la fois deux rangs, et à l'épaulement au moyen de harts de retraite (fig. 10).

Ce mode de revêtement absorbe une

grande quantité de saucissons ; on se borne le plus souvent à revêtir en saucissons la partie inférieure ; il faut alors trois ou quatre rangs de saucissons surmontés d'un gabion ; les saucissons sont inclinés à 7/2, les gabions à 10/1 (fig. 11).

Lorsqu'on est pauvre en saucissons, on peut encore faire le revêtement au moyen de deux rangs de gabions séparés par une rangée de deux saucissons (fig. 12) ou même posés les uns sur les autres, en retraite d'un demi-diamètre, en complétant la hauteur voulue par des sacs à terre ou des fascines (fig. 13).

En général, on doit préférer les gabions pour revêtir la partie supérieure, qui est la plus vulnérable ; les réparations se font beaucoup plus facilement qu'avec des saucissons.

30. *Revêtement en sacs à terre.* Le revêtement en sacs à terre se fait par couches successives pleins sur joints, chacune d'elles composée de sacs placés alternativement en boutisses et panneresses, l'ouverture des boutisses en dedans. Pour consolider le revêtement, on le relie de distance en distauce avec l'épaulement au moyen de harts de retraite assez longues, se rattachant, d'une part, à des piquets à mentonnet, et, de l'autre, à des planches placées en travers du parement extérieur.

81. *Embrasures.* En général, les embrasures ne seront pas revêtues ; on a vu plus haut leurs formes. Si l'on a à craindre la mousqueterie, on réduira au minimum l'ouverture intérieure au moyen de sacs à terre qui laisseront seulement passage à la bouche de la pièce. Dans ce cas, on pourra aussi fermer l'embrasure au moyen d'une portière qui est échancrée de manière à laisser passer la volée. A la naissance de celle-ci est un masque demi-circulaire qui vient s'appliquer contre la portière lorsque la pièce est en batterie. Un trou de visée permet le pointage. On a fait ces portières en bois, mais elles ont l'inconvénient de détacher des éclats sous le choc des projectiles. On obtient de meilleurs résultats avec des portières en cordages, formés d'un certain nombre de couches superposées de brins jointifs reliés fortement par des ficelles. Une disposition commode consiste à fixer un volet sur la portière comme l'indique la figure 14. Le coup parti, la pièce recule et le volet, en retombant de lui-même, bouche l'ouverture.

Les batteries de brèche dans le couronnement du chemin couvert ont un tir incliné au-dessous de l'horizon. La hauteur de genouillère pour les pièces de 24 n'est que de 90 centimètres. Le fond de l'embrasure est donc creusé dans les terres rassises du chemin couvert. L'embrasure est profonde et doit être revêtue, mais cela n'a pas d'inconvénient parce que l'on n'a pas à craindre de feux directs d'artillerie. C'est pour la même raison qu'on peut se contenter de 4 mètres d'épaisseur pour l'épaulement.

Le revêtement des embrasures se fait en gabions, à raison de six gabions pour chaque joue, indépendamment du gabion du revêtement intérieur. Les gabions ne sont mis que successivement à mesure que le dégorgement de l'embrasure avance, les travailleurs étant protégés par un masque formé de gabions farcis de fascines placés sur la crête extérieure. Un piquet enfoncé sur le terre-plein marque le point où se rencontreraient les traces des pieds des joues prolongées. Une règle appuyée sur ce piquet et sur l'ouverture intérieure de l'embrasure donne l'inclinaison du fond et la direction des gabions.

32. *Plates-formes.* La plate-forme doit donner à la pièce une assiette ferme et unie sur laquelle le pointage puisse se faire avec précision. Il faut pour cela que les lignes perpendiculaires à la directrice soient exactement horizontales, car une petite différence de niveau des roues cause une déviation sensible, surtout dans le tir sous de grands angles. Dans le sens de la directrice on peut incliner la plate-forme d'avant en arrière pour diminuer le recul ; mais cela ne peut se faire que lorsque la direction du tir doit rester invariable ; sans quoi on retomberait dans l'inconvénient signalé plus haut.

La plate-forme peut former un plancher continu ou donner appui seulement aux roues et à la crosse. Dans ce dernier cas, on la désigne sous le nom de plate-forme volante. Ces plates-formes sont un peu moins

solides que les autres, mais elles exigent
moins de bois et sont d'une construction
plus rapide ; aussi les emploie-t-on maintenant très-fréquemment. Cependant elles ne
sont pas applicables au cas où la direction
du tir est variable.

Les dimensions des matériaux employés
sont indiquées § 8 ; les madriers ancien modèle étant réservés pour l'usage des places,
d'après l'instruction du 18 mars 1875,
on se servira uniquement des madriers
nouveau modèle.

Plates-formes pour canons.

33. *Canons de 24 de siége.* La plate-
forme se compose de quatre madriers sous
les roues, et quatre sous la crosse, reposant sur trois lambourdes-gîtes et trois madriers-gîtes de place, dont deux à l'extrémité des madriers de roues et le troisième
au bout des madriers de crosse. Le devant
de la plate-forme est formé par un madrier de champ qui sert de heurtoir. Huit piquets sont placés devant chaque joint des
madriers, deux à l'angle des madriers et
du heurtoir, et deux entre les madriers

extrêmes de la dernière lambourde. On prolonge beaucoup la durée des plates-formes en plaçant des madriers libres sous les roues et sous la crosse, surtout lorsque les roues reposent sur le joint de deux madriers. Cette observation s'appliquera également aux autres plates-formes (fig. 15).

Pour l'exécution du travail on commence par niveler le terrain sur l'emplacement de la plate-forme, puis on creuse des rigoles aux distances indiquées par la figure, pour placer les gîtes. On s'assure au moyen d'un niveau de maçon que chaque gîte est bien horizontal, et, en appliquant une règle dans tous les sens, que l'ensemble des gîtes forme un plan. Chaque gîte doit aussi être exactement perpendiculaire à la directrice qui a été tracée à l'avance. On s'en assure en vérifiant que les extrémités de chaque gîte forment avec un point de la directrice un triangle isocèle. On place le heurtoir, et ensuite on dispose les madriers en commençant par ceux qui touchent la directrice. Avoir soin d'enfoncer deux piquets symétriques à la fois pour éviter de déplacer les madriers.

Lorsque le plancher de la plate-forme est continu, on place les madriers parallèles à l'épaulement et les gîtes parallèles à la directrice (fig. 16).

La plate-forme se compose de dix-huit madriers sur cinq gîtes de $4^m,55$; le premier gîte sur la directrice, deux autres à 80 centimètres de chaque côté du premier, et les deux derniers à égale distance de ceux-ci et du gîte du milieu.

Un heurtoir est placé par-dessus les gîtes, contre l'épaulement, et le premier madrier vient buter contre le heurtoir.

Les dix-huit madriers font une longueur de $4^m,50$; le heurtoir ayant 22 centimètres de large, le dernier madrier dépasse les gîtes de 17 centimètres. On place un piquet contre ce madrier vis-à-vis de chaque gîte, et un piquet de chaque côté du heurtoir.

34. *Canon de 24 de place sur affût de siége.* Même plate-forme que la précédente en mettant seulement trois gîtes au lieu de cinq, le gîte du milieu et les deux extrêmes.

La plate-forme volante est semblable aussi à celle du canon de 24 de siége, mais il n'y a que deux madriers de crosse; et ils sont plus éloignés de l'épaulement. La troisième lambourde-gîte soutient à la fois l'extrémité postérieure des madriers de roues et l'extrémité antérieure de ceux de crosse (fig. 17). Au milieu et à l'extrémité postérieure sont deux madriers-gîtes de place. La crosse repose à 3^m,20 du heurtoir.

35. *Canon de 12 de siége.* Même disposition pour la plate-forme volante, mais comme la crosse n'est qu'à 2^m,50 du heurtoir, il faut rapprocher les madriers de crosse. Il suffira de transporter le madrier-gîte du milieu dans la position indiquée en pointillé dans la figure 17 et d'avancer les madriers jusque-là. Le madrier-gîte du bout sera avancé de la même quantité.

La plate-forme à madriers jointifs est la même que celle du canon de 24 de place; on l'emploie rarement pour les canons de 12.

Toutes ces plates-formes peuvent être inclinées de 4 centimetres par mètre pour le tir à forte charge. On diminue ainsi le recul, mais cela a l'inconvénient de ré-

duire la limite supérieure de l'angle de tir
de 2°,20′.

Quand on veut tirer le canon de 12
sous de grands angles, il faut enfoncer les
madriers de crosse dans un fossé dont la
profondeur est de

14 centimètres pour un angle de 16°;
28 centimètres pour un angle de 20°;
42 centimètres pour un angle de 24°.

La troisième lambourde peut être remplacée par deux madriers-gîtes, et les madriers de crosse reposent sur trois madriers-gîtes (fig. 18).

36. *Canon de 138 millimètres sur affût de siége.* Dans le tir à fortes charges, le recul est considérable et les percussions sur la plate-forme très-violentes. Une plate-forme volante ne serait pas assez résistante, et la disposition qui consiste à doubler les éléments de la plate-forme de la figure 15 conduirait à un terre-plein de 10 mètres de longueur, ce qui n'est guère admissible, sans donner une grande solidité. Pour le tir sous de grands angles à charge réduite, on pourra employer le système de la figure 18, en reportant le premier madrier-gîte de 5o centimètres en arrière pour que la crosse prenne appui sur lui dans la position de tir; sans cela les madriers de crosse fatigueraient bien vite. Il sera bon aussi d'incliner ces madriers d'arrière en avant, pour limiter le recul. Pour le tir à fortes charges, il faudrait consolider la partie antérieure de la plate-forme et augmenter le champ du recul. Avec les affûts de siége exhaussés, on peut tirer sur plate-forme horizontale jusqu'à 27 degrés au-dessus de l'horizon; on aura donc rarement à enterrer la crosse, ce qui rend toujours la manœuvre pénible. A défaut de plate-forme réglementaire, on peut prendre pour type celle qui a servi aux expériences de la commission de Tarbes et qui a bien résisté à un tir prolongé (fig. 19).

Elle se compose de cinq gîtes prolongés par autant de lambourdes pour mortier de 22 centimètres, ce qui donne une longueur de 6^m,55. Ils sont recouverts par vingt-six madriers et un heurtoir, le dernier madrier et le heurtoir débordant un peu les gîtes. On placera trois piquets contre le heurtoir et cinq contre le madrier postérieur, vis-à-vis des gîtes. La plate-forme est inclinée d'arrière en avant de 5 centimètres par mètre. Si la pièce tendait à sortir de la plate-forme dans le tir sous de petits angles, on s'opposerait au recul au moyen de coins d'arrêt ou d'un système d'enrayage.

37. *Canon de 138 millimètres sur affût à soulèvement.* Cet affût permet de tirer sous un angle variant depuis 8 degrés au-dessous de l'horizon jusqu'à 39 degrés au-dessus. On n'aura donc jamais besoin d'enterrer la crosse. La plate-forme précédente peut servir, mais il faut observer que la voie de l'affût à soulèvement n'est que de 930 millimètres à la position de tir, et que deux des gîtes doivent être placés à l'aplomb des roues. La crosse fatigue beaucoup les madriers; on a employé à Calais une plate-forme de siége ordinaire pour canon de 24, dans laquelle les madriers étaient remplacés par des lambourdes de 14 centimètres d'équarrissage. La longueur de cette plate-forme est insuffisante pour le recul; on pourrait la prolonger en arrière par une queue de plate-forme formée de trois lambourdes jointives appuyées contre les premières et retenues par des piquets.

Plates-formes pour canons de 16 et de 22 centimètres sur affûts de côte.

38. La plate-forme pour canons sur affût de côte se compose d'un *petit châssis* et d'une *voie circulaire* (fig. 19 *bis*).

Le petit châssis comprend deux parties : 1° un *cadre* formé par trois semelles en fer en U, assemblées entre elles par deux traverses en fer plat ; 2° une *sellette* en fonte avec cheville ouvrière qui repose sur le cadre.

Le petit châssis est placé de manière que la semelle du milieu soit parallèle à l'épaulement, sa surface supérieure dans le plan de la plate-forme. Il est fixé par six piquets en bois ou en fer, deux en avant et deux en arrière de la semelle du milieu, les deux derniers contre la face extérieure de la semelle de l'arrière.

La voie circulaire se compose de sept *courbes* reposant sur huit *semelles,* sur lesquelles elles sont fixées par des coins en bois. On trace une rigole circulaire dont le centre est sur l'axe de la cheville ouvrière,

et dont la plus grande profondeur corres-
pond à un rayon de 3^m,o65. Son profil est
déterminé par un gabarit dans la lunette
duquel s'engage la cheville ouvrière. Les
deux premières semelles sont placées de
chaque côté de la directrice, le milieu de
leur largeur dans la direction d'un rayon,
le point de repère à 425 millimètres de la
directrice et sur un cercle d'un rayon de
2^m,960. Les autres semelles sont placées à
gauche et à droite des premières, à 850
millimètres de distance.

Les courbes sont posées dans les entailles
des semelles, et les coins serrés légèrement
d'abord, puis à fond en allant de l'un à
l'autre.

Plates-formes pour mortiers.

89. Les plates-formes de mortiers se
distinguent à première vue de celles des
canons par leur éloignement de l'épaulement. Les mortiers devant tirer par-dessus
la masse couvrante et étant peu élevés sur
leurs affûts, il faut les mettre en arrière
d'une quantité suffisante pour que la
bombe ne soit pas arrêtée par le talus inté-

rieur. Cette distance est de 2^m,30 pour le tir vertical (45° et au-dessus), et 3^m,45 pour le tir plongeant à des angles inférieurs. Dans ce cas, il faudra même ménager une embrasure à contre-pente comme pour les canons. La distance se compte du devant des plates-formes à la berme du talus intérieur. Il y a deux espèces de plates-formes : celles pour mortiers de 32 ou de 27 centimètres, et celles pour mortiers de 22 centimètres. Les mortiers de 15 centimètres se tirent sur le sol aplani, sans plate-forme (fig. 20).

Mortiers de 32 et de 27 centimètres. Leur plate-forme se compose de onze lambourdes de 2 mètres de longueur et de 22 centimètres d'équarrissage, disposées parallèlement à l'épaulement dans un plan horizontal. Elles reposent sur trois lambourdes-gîtes de même équarrissage et de 2^m,40 de longueur, placées dans des rigoles parallèlement à la directrice, la lambourde du milieu sur cette directrice, les autres à 80 centimètres d'axe en axe. La face supérieure des lambourdes-gîtes doit être à 10 centimètres au-dessous du niveau du terre-plein, de sorte que, après la pose des lambourdes de recouvrement, le dessus de la plate-forme se trouve à 12 centimètres au-dessus du terre-plein, avec lequel la plate-forme se raccorde par des talus à pente douce. La lambourde de devant arase les gîtes; celle de derrière les déborde de 2 centimètres. On place des piquets en avant et en arrière de chaque gîte.

Mortiers de 22 centimètres (fig. 21). Même disposition générale; trois lambourdes-gîtes et neuf lambourdes de recouvrement de 2 mètres de long et de $0^m,165$ d'équarrissage. Le dessus des gîtes étant encore à 10 centimètres au-dessous du terre-plein, la plate-forme le dépassera de 65 millimètres. La longueur de la plate-forme n'étant que de $1^m,48$, les gîtes débordent de chaque côté de 26 centimètres. Les piquets sont placés contre les gîtes à droite en arrière, à gauche en avant.

V

CONSTRUCTION DES BATTERIES.

40. *Opérations préliminaires.* Le but,

l'armement et la situation générale de chaque batterie sont déterminés par le plan général des attaques; l'officier chargé de la construction reçoit ses instructions de son chef d'attaque, tout en conservant une certaine latitude pour le choix de l'emplacement.

Deux opérations précèdent la construction : la reconnaissance et le tracé.

Reconnaissance. L'officier commence par étudier sur le plan directeur l'emplacement de la batterie, celui de l'ouvrage à battre et des ouvrages dont il aura à craindre les feux; il prend note de la distance et de l'armement de ces ouvrages.

Il se rend ensuite sur le terrain, où il reconnaît tout par ses propres yeux. C'est là qu'il arrête l'assiette de la batterie d'après la position du but, la configuration du sol et la direction des coups dangereux. S'il s'agit de contre-battre de plein fouet une face d'ouvrage, il y a, en général, avantage à placer ses directrices de manière à prendre les pièces ennemies légèrement d'écharpe. Pour le tir d'enfilade, la meilleure situation est dans le prolongement de la

face un peu en dedans de la crête intérieure.

Si c'est une batterie de mortiers tirant
sous de grands angles, les directrices sont
placées dans le prolongement de la plus
grande dimension du but (c'est ordinairement la direction en capitale), et la crête de
l'épaulement doit être normale à la direction des coups les plus dangereux.

La configuration du sol doit être étudiée
avec soin ; le moindre accident de terrain
peut servir à couvrir la batterie et permet
de diminuer beaucoup les remblais à ef-
fectuer. Les mêmes considérations serviront à fixer l'emplacement des magasins à
poudre. Enfin, si la batterie est construite
postérieurement à l'ouverture de la tranchée, il faut tenir compte des ouvrages
d'approche qui pourraient gêner le tir, et
étudier les modes de communication de la
batterie avec la parallèle voisine.

La situation des ouvrages qui ont des
vues sur la batterie, leur distance et leur commandement servent ensuite à déterminer
le relief des crêtes, les traverses, les retours
et la direction des communications.

L'officier place des repères pour marquer les points principaux qui serviront ensuite au tracé, fait un croquis sur place, et marque s'il y a lieu les points de la tranchée par où doivent déboucher les travailleurs.

Le projet de batterie est ensuite achevé et envoyé au chef d'attaque avec la demande de travailleurs, d'outils et de matériaux nécessaires à la construction.

Tracé. Le tracé consiste à marquer sur le terrain, au moyen de cordeaux, de mèche à canon ou de fascines, les lignes principales de la construction. Il est nécessaire pour qu'on puisse placer sans confusion les travailleurs qui doivent opérer de nuit. Le tracé ne doit comprendre que les lignes qui subsistent pendant le travail, c'est-à-dire l'intersection du sol avec les déblais et les remblais. Il indique donc l'encadrement du terre-plein, du fossé, de la masse couvrante limitée par ses talus, des communications et de l'excavation des magasins à poudre. Les directrices sont repérées par des piquets. Toutes les fois que la batterie est exposée aux feux de la place, le tracé se fait à la nuit tombante, avec l'aide des officiers et des sous-officiers de la batterie.

11. *Construction.* La construction d'une batterie de siége est toujours une opération délicate, devant être faite sous le feu de l'ennemi. Il faut laisser celui-ci dans l'incertitude du lieu et de l'époque choisis pour la construction, commencer le travail de nuit, et le faire marcher de manière à être au moins à couvert au point du jour. Pour éviter toute perte de temps, il est nécessaire que le poste de chaque homme soit bien défini à l'avance et que l'on ait prévu les plus petits détails d'exécution. La disposition la plus favorable à donner aux travailleurs et le mode d'exécution pour chaque batterie dépendent des circonstances dans lesquelles elle est établie; on va passer en revue les principaux cas qui peuvent se présenter.

Batteries de première période.

Les batteries d'attaque peuvent se diviser en deux catégories : 1° les premières batteries ou batteries de première période qui sont construites avant l'ouverture de la tranchée, qui ont pour but d'occuper l'ennemi, de ruiner son artillerie et de permettre l'établissement de la première parallèle à bonne distance de la place; 2° les batteries d'approche, établies pendant les travaux du siége dans le but de faciliter leur exécution et d'augmenter l'efficacité du tir en se plaçant à des distances plus rapprochées.

Choix de l'emplacement. Les premières batteries peuvent être placées à des distances très-variables, suivant la configuration du terrain, l'objet qu'on se propose d'atteindre et la nature des bouches à feu.

On peut admettre que le tir efficace de l'artillerie actuelle s'étend jusqu'à 3,000 et 4,000 mètres. A ces grandes distances, on pourra établir des batteries armées de canons de 16 centimètres de la marine, modèle 1870, de canons de 138 millimètres et de canons de 15 centimètres, actuellement à l'étude, devant remplacer dans les équipages de siége les canons de 24 et de 12, qui ont une portée et une justesse de tir insuffisantes.

De 2,000 à 3,000 mètres, on emploiera le canon de 138 millimètres, le canon de 16 centimètres, modèle 1858-60, le canon de 22 centimètres et les mortiers rayés à l'étude.

Les batteries d'approche à 1,000 mètres et au-dessous seront armées de préférence de canons de 138 millimètres et de mortiers lisses.

Les premières batteries comportant un matériel très-lourd, il faudra avoir égard dans le choix de leur emplacement aux voies de communication de toutes sortes qui pourront faciliter l'armement de ces batteries et leur approvisionnement. Le voisinage d'une voie ferrée est particulièrement avantageux, tant pour la facilité des transports que pour les matériaux utiles qu'on y trouve. On pourra quelquefois, sans beaucoup de travail, relier par de petits embranchements les dépôts de tranchée à la voie principale. Un chemin de fer en remblai forme un épaulement tout fait et d'une grande solidité, derrière lequel une batterie sera très-bien abritée.

Les batteries de première période

étant construites avant tout autre ouvrage
d'approche, et n'étant pas soutenues par
d'autres, il faut en général chercher à dé-
rober leur construction aux vues de la
place, et pour y arriver on profitera de
tous les couverts naturels, rideaux d'arbres, accidents de terrain. Si les masques
sont des arbres, on les coupe dans la nuit
qui précède l'ouverture du feu. Si les batteries soat en vue, on cherchera par tous
les moyens possibles à accélérer leur
construction afin d'être en état de lutter
avec la place après une nuit de travail,
dès que l'ennemi peut les apercevoir. Le
choix de l'emplacement contribue beaucoup à abréger le travail et à le rendre
moins périlleux. On pourra même s'écarter un peu de la position qui serait indiquée géométriquement comme la meilleure
eu égard aux conditions du tir, pour profiter des revers de talus, excavations natu-
relles, tranchées existant à l'avance, qui
éviteront de longs et pénibles travaux.

La durée de la construction dépend aussi
du tracé et de la manière dont on organise le travail; on peut donc considérer

deux cas principaux : celui où la batterie est cachée aux vues de l'ennemi et peut être construite à loisir; celui où elle est à découvert.

42. *Batteries rapides.* Dans ce dernier cas, il faut que la batterie puisse être construite dans l'intervalle d'une nuit, ou du moins soit en état d'ouvrir le feu, sauf à la consolider et à l'améliorer les nuits suivantes.

Pour abréger la durée de la construction, on doit employer un tracé particulier, qui a pour objet d'augmenter la superficie sur laquelle peuvent se développer les travailleurs et de diminuer en même temps le cube des terres à remuer. Le terre-plein doit être enterré pour satisfaire à cette dernière condition. Mais il faut encore pouvoir déblayer le terre-plein dans le temps minimum pour pouvoir établir les plates-formes. On ne peut pas, à cause de la longueur du terre-plein, faire filer toutes les terres immédiatement sur l'épaulement.

Pour éviter l'encombrement et employer plus de travailleurs, on ménage entre deux directrices voisines des parties non excavées, dites *traverses-relais*, destinées à servir de relais pour les terres du terre-plein, qui sont ensuite écoulées sur l'épaulement au moyen de pelleteurs placés sur ces traverses. On les transforme plus tard en traverses pare-éclats, mais cette destination ultérieure n'est considérée que comme accessoire et indépendante de la construction proprement dite.

On commence par n'excaver du terre-plein que la portion nécessaire à la plateforme. Les hommes employés à ce travail ont chacun une pelle et une pioche dont ils se servent alternativement. Ils jettent les terres sur les quatre côtés de l'excavation. Dès qu'on est arrivé au niveau de la plateforme, on procède à sa construction, qui demande environ une heure et demie. Pendant ce temps, on achève l'excavation du terre-plein. Dès le début, on a fait le revêtement en plaçant une ligne de gabions sur le tracé du talus intérieur, de manière que rien n'arrête le travail. La *figure* 22 représente pour une pièce le tracé, la disposition des travailleurs et la batterie achevée. On a supposé la batterie armée de canons de 138 millimètres tirant de plein fouet à 3,000 mètres. A cette distance l'angle de tir est de 7° 54′; la hauteur de genouillère, qui est de 1^m,45, la pièce horizontale, peut être portée à 1^m,60; le fond de l'embrasure, à 60 centimètres au-dessous de la crête, ira aboutir à la crête extérieure; le dessus de la plate-forme à 2^m,20 au-dessus de la crête, avec une inclinaison d'arrière en avant de 4 centimètres par mètre; le fond du terre-plein, incliné en sens contraire, sera enfoncé de 1 mètre en avant et de 1^m,20 en arrière.

La plate-forme pour canon de 138 millimètres a 7 mètres de longueur, ce qui conduit à prendre pour le terre-plein 8^m,50, y compris le passage en arrière. Quant à la largeur dans le sens de l'épaulement, elle est déterminée par la condition d'avoir entre chaque pièce une traverse-relai assez large, et un fossé large de 1 mètre entre la plate forme et la traverse voisine. Cela oblige à compter 9 mètres entre deux directrices. Cette longueur sera revêtue exactement par 16 gabions. Le fossé a 6 mètres de largeur, l'encadrement de l'épaulement a 8^m,75 d'épaisseur. Entre le fossé et l'é-paulement on ménage une berme de 75 cen-timètres, et une de 50 centimètres entre l'épaulement et le terre-plein. Celui-ci n'est tracé d'abord que sur une largeur de 4 mè-tres, suffisante pour déblayer l'espace né-cessaire à la plate-forme.

48. *Disposition des travailleurs.* Les tra-vailleurs sont répartis en trois groupes : fossé, coffre et terre-plein.

*Fossé.*Dix-huit hommes d'infanterie ayant pelles et pioches sur deux rangs, l'un contre la berme, l'autre contre le devant du fossé. Ceux-ci ont apporté chacun un gabion qu'ils placent devant eux et qu'ils remplis-sent aussitôt pour s'en faire un masque. Chaque homme excave une bande de ter-rain de 1 mètre de largeur et de 2 mètres de longueur; il reste entre eux une bande de 2 mètres qui sert d'abord de relai, et est ensuite abattue. A la fin de la nuit, les gabions du masque sont enlevés et servent à la confection des traverses pare-éclats.

Terre-plein. Quatorze canonniers sur deux rangs perpendiculairement à la crête, munis chacun de pelle et pioche. Ceux du premier rang (à droite) font face à droite, commencent à creuser le long du cordeau contre la traverse, et vont en reculant. Ceux du deuxième rang, placés le long de la directrice, font face à gauche et s'enfoncent en avançant.

Les terres sont jetées dans le coffre par les deux hommes placés près du talus intérieur; sur le revers du terre-plein, par les deux placés à l'extrémité opposée; sur les traverses, par les dix autres travailleurs. Quatre auxiliaires, deux de chaque côté de la traverse, font filer les terres sur l'épaulement. Quatre autres creusent la communication en arrière.

Coffre. Dix canonniers commencent par apporter les gabions et les placent sur le cordeau qui marque le pied du talus intérieur, en commençant par les gabions de 70 centimètres, aux embrasures ou par les bouts de saucissons. Ils dament les terres à l'intérieur des gabions; puis cinq d'entre eux se portent à la crête extérieure. Tous égalisent et dament les terres rejetées des deux côtés sur l'épaulement. Quand on arrive à la hauteur des embrasures, ils en forment les joues à la pelle en évitant de faire des arêtes saillantes.

Plates-formes. Au bout de deux heures et demie environ, on aura excavé le terre-plein de 70 centimètres; alors six canonniers et un sous-officier procèdent immédiatement à la construction de la plate-forme. Deux canonniers creusent la rampe d'accès, les quatre autres aident à faire écouler les terres sur le coffre, et élargissent le terre-plein en l'approfondissant entre la plate-forme et les traverses.

L'établissement des plates-formes demande une heure et demie; on sera en état d'armer la batterie au bout de cinq heures au plus. On profite des derniers moments d'obscurité pour achever les embrasures, creuser des excavations pour des caisses à munitions, et approvisionner la batterie. Au bout de six heures on sera en état de commencer le feu. Mais il faudra encore au moins une nuit pour amener la batterie à son état définitif.

Le travail de la deuxième nuit consistera à élargir encore et approfondir le terre-plein en lui donnant l'inclinaison voulue d'avant en arrière, épaissir l'épaulement, faire le passage en avant de la traverse, s'il n'a pu être fait la nuit précédente, transformer les traverses-relais en parc-éclats, et blinder le passage en avant si on peut le faire dans des conditions suffisantes de solidité. Des abris même légers suffisent pour garantir des schrapnels.

44. *Batteries dans un couvert.* Si la construction de la batterie peut être dérobée aux vues de la place, la condition de rapidité n'est plus que secondaire, et l'on peut faire la batterie à loisir en donnant plus de solidité au revêtement et en élevant davantage la crête couvrante. On prendra par exemple le type de la figure 9 qui donne $1^m,60$ à $1^m,70$ de relief au-dessus du sol naturel. Cette disposition devra être adoptée : 1° quand la nature du sol ne permettra pas de s'enfoncer de 1 mètre à $1^m,20$ comme on l'a supposé précédemment ; 2° quand un relief total de $2^m,30$ à $2^m,50$ ne suffirait pas pour couvrir à l'extrémité du terre-plein, soit que la batterie soit commandée par la place, soit que le terre-plein ait une grande longueur. C'est ce qui arrivera en particulier pour une batterie armée de canons de 138 millimètres, dont la plate-forme doit avoir au moins 7 mètres de long. En tenant compte des talus et du passage en arrière, on arrive à une longueur totale de 10 mètres à couvrir. Si l'on suppose seulement un angle de chute de 6 degrés (inclinaison $\frac{1}{10}$), on trouve un minimum de $2^{m},80$ pour la masse couvrante. On la réaliserait avec un relief de $1^{m},60$ et en s'enfonçant comme pour la batterie précédente.

La figure 23 montre une disposition qui pourrait convenir en pareil cas : on a supposé des pièces tirant à 5 ou 6 degrés avec embrasures légèrement en contre-pente. La hauteur de genouillère est de $1^{m},50$; la plate-forme est à 60 centimètres au-dessous du sol naturel en avant, avec une inclinaison de 4 centimètres par mètre d'arrière en avant. Le terre-plein, incliné en sens contraire, est enfoncé de 1 mètre en avant et de $1^{m},20$ en arrière. La queue de la plate-forme est ainsi à 90 centimètres au-dessus du terre-plein et se raccorde avec lui au moyen de trois gradins en fascines. Pour ne pas donner à la batterie un trop grand développement, on a établi seulement une traverse pare-éclats pour deux pièces. Mais, entre deux pièces voisines, il faut toujours ménager une excavation suffisante pour deux rangs de servants, ce qui conduit à prendre $6^m,70$ d'entre-axe, soit douze gabions, ou bien 9 gabions et un bout de saucisson de $1^m,70$ devant l'embrasure. Entre deux directrices séparées par une traverse on comptera 10 mètres, soit dix-huit gabions, ou bien quinze gabions et un bout de saucisson.

Le passage en avant de la traverse sera enfoncé à $1^m,50$ et raccordé par des rampes et une marche avec le terre-plein. On pourra ainsi le blinder avec une épaisseur suffisante de terre sans dépasser sensiblement le niveau de l'épaulement.

Les travailleurs seront disposés comme pour les batteries rapides; seulement on pourra en mettre quatre de plus par pièce sur le terre-plein, si l'on n'est pas limité par le nombre d'hommes. On creusera d'abord sur une largeur de 4 mètres vis-à-vis de chaque embrasure, jusqu'à ce qu'on arrive au niveau de la plate-forme, le terrain non excavé de chaque côté servant de relais. Ensuite, les plates-formes ayant été établies, on achèvera d'excaver le terre-plein entre deux plates-formes consécutives, en se servant de celles-ci comme de relais, ayant soin de ménager des rampes à l'arrière de chaque plate-forme pour l'armement ultérieur. Les travailleurs de l'épaulement dament les terres provenant du fossé et du terre-plein et revêtent le talus intérieur à mesure que les terres s'élèvent. Le premier rang de saucissons est enfoncé environ du tiers de son diamètre. Dès qu'on est arrivé à hauteur du deuxième rang, on place un bout de saucisson sur chaque directrice pour former l'ouverture de l'embrasure, et on pose les gabions jointifs, les pointes en bas, en sciant celles qui pénétreraient dans les saucissons. Le revêtement étant consolidé comme il a été dit au chapitre des détails de construction, le reste du travail s'achève comme précédemment.

Un sous-officier et cinq hommes pris

parmi ceux du terre-plein, après avoir fait
la plate-forme, sont employés à blinder le
passage en avant de la traverse. Lorsque le
terre-plein est achevé, on arme la batterie,
et on creuse les passages en arrière, dont les
terres sont rejetées sur la traverse.

Batteries d'approche.

45. Les batteries d'approche sont en général à une distance de la place moindre
que 1,000 mètres; leur construction ne
peut être dérobée, et elles sont exposées à
un tir d'une grande justesse; elles sont aussi
plus exposées que les batteries de 1re période
aux feux d'écharpe, ce qui conduit à les
traverser au moins de deux en deux pièces.
En revanche, on peut croire qu'au moment
de leur construction l'armement de la place
n'est plus intact et qu'elles sont soutenues
par les batteries situées en arrière.

Elles doivent être reliées aux travaux
d'approche quand elles ne sont pas dans la
parallèle même. Cette position paraît la
meilleure en général, parce que, le tracé de
la parallèle étant déterminé par la condition d'être le mieux possible défilé de la

place, tout en voyant bien le terrain en avant, son emplacement conviendra très-bien à une batterie, et rendra en outre faciles son accès et son approvisionnement.

46. *Batterie dans la parallèle*. Le tracé de la parallèle ayant été fait indépendamment des conditions de tir de la batterie, les directrices ne seront pas en général perpendiculaires à la direction de la parallèle. Si l'obliquité ne dépasse pas quelques degrés, on conserve le talus intérieur tel qu'il est, en remplaçant seulement les gabions du génie, qui sont simplement posés sur le sol, par des gabions d'artillerie, que l'on fixe au moyens de forts piquets ou de harts de retraite. Les terres de l'épaulement sont prises dans l'élargissement de la parallèle en arrière et dans un fossé en avant, quand on pourra le faire sans trop de danger. Ce fossé sera tracé d'abord par une sape volante débouchant dans la parallèle, et élargi ensuite à ses dimensions définitives. S'il y a à craindre des coups d'écharpe, on traversera de deux en deux pièces, et il faudra rapprocher le plus possible les pièces entre deux traverses, afin de les mieux cou-

vrir et de ménager l'espace qui est plus res-
treint que pour les batteries de 1ʳᵉ période.
On pourra se contenter en général de 5 à
6 mètres d'entre-axe ; on prendra 3 mètres
entre la directrice et la traverse voisine, qui
aura 6 mètres à la base; il faudra ménager
en arrière un passage de 2 mètres pour le
service de la parallèle et de la batterie, et
enfoncer ce passage au-dessous du niveau
habituel de la parallèle pour qu'il soit mieux
couvert. La figure 24 donne un exemple
d'une batterie dans la parallèle, pour pièces
de 138 millimètres sur affûts à exhausse-
ments, tirant sous l'angle de 16 degrés avec
une obliquité de 6 degrés. La hauteur de
genouillère peut être prise de 1ᵐ,60, ce qui
met le dessus de la plate-forme au niveau
du fond de la parallèle. Le terre-plein est
enfoncé de 30 centimètres à la queue de
la plate-forme ou à 2ᵐ,60 au-dessous de
la crête courante Si cela ne suffisait pas, on
pourrait s'enfoncer davantage ou augmenter le relief en couvrant les gabions par des
fascines ou des sacs à terre.

Si la direction du tir est trop oblique,
on reporte le talus intérieur en arrière de

la parallèle en lui donnant une direction perpendiculaire à celle des directrices. Il faut alors le revêtir entièrement par l'un des procédés qui ont été indiqués dans le chapitre précédent. La distance entre les directrices étant déterminée comme précédemment, on mène des perpendiculaires à leur direction formant des ressauts successifs (fig. 25), se raccordant au milieu de l'intervalle de deux directrices. Ce tracé à redans pourra dans certains cas tenir lieu de traverses, sinon il faudra traverser les pièces de deux en deux comme dans le cas précédent.

47. Outre l'inconvénient grave de gêner la circulation des troupes et l'inconvénient plus grave encore d'être gêné par le passage de l'infanterie, il y a des circonstances où il n'est pas commode de mettre une batterie dans la parallèle : l'enfoncement de celle-ci étant de un mètre, si l'on suppose les lambourdes-gîtes posées sur le fond, le dessus de la plate-forme sera enfoncé de 70 centimètres. Cela conduit à une hauteur de genouillère au moins égale à 1^m,30, sinon il faudrait établir la plate-forme sur des terres rapportées, ce qui est défectueux. C'est ce qui aurait lieu pour le tir de plein fouet des canons de 12 et de 24 de siége. Il peut être utile aussi de relever le tir pour ne pas être masqué en avant; on peut alors placer la batterie en dehors de la parallèle, en avant ou en arrière.

Les motifs qui ont fait porter la batterie hors de la parallèle empêchent le plus souvent qu'on ne la mette en arrière parce qu'on serait gêné par le parapet de la parallèle; cependant cette position a l'avantage sur celle en avant, de moins gêner l'armement et d'établir la batterie en arrière d'une tranchée qui sert de masque, surtout quand le terrain va en s'abaissant. Une pareille situation conviendrait à une batterie de tir plongeant. Autrement, si l'on se porte en avant, il sera toujours bon de faire précéder la construction de la batterie d'une tranchée faite en sape volante ayant le même tracé et débouchant dans la parallèle. Cette tranchée sera ensuite élargie en arrière comme on fait pour une batterie dans la parallèle. Lorsque le terrain s'y prête, on peut employer avec avantage le tracé en crémaillère qui dispense d'établir des traverses et réduira ainsi les dimensions de la batterie dans le sens perpendiculaire aux directrices (fig. 5).

48. *Batteries en sacs à terre.* Lorsque la nature du sol ne permet pas de prendre sur l'emplacement même de la batterie les terres de l'épaulement, on construit la batterie au moyen de sacs à terre. On ne forme ordinairement en sacs pleins et fermés que le masque et le revêtement du talus intérieur et des côtés. Les terres nécessaires pour l'intérieur du coffre et le talus extérieur sont apportées dans des sacs que l'on vide, puis damées.

Deux heures avant la nuit, on organise des ateliers chargés de remplir des sacs avec de la terre prise dans la tranchée ; on en forme des dépôts à proximité de la batterie en séparant les sacs fermés de ceux qui sont ouverts. A la nuit tombante, on fait le tracé de la batterie comprenant l'encadrement du coffre et la projection de la crête extérieure. Des canonniers avec des sous-officiers sont chargés de faire le masque, le revêtement intérieur et de disposer les terres dans le coffre. Des colonnes de travailleurs auxiliaires apportent les sacs, vident ceux qui sont ouverts, remettent aux canonniers les sacs fermés et retournent en prendre d'autres au dépôt. On commence par établir sur la projection de la crête extérieure un masque de 2 mètres de hauteur en sacs fermés, ayant 1 mètre d'épaisseur sur la moitié de sa hauteur, et 50 centimètres de là jusqu'au sommet. A couvert derrière ce masque on commence le revêtement du talus intérieur et des côtés. On forme en même temps l'intérieur de l'épaulement et le talus extérieur en vidant les sacs des deux côtés du masque. On établit en même temps les plates-formes ; il suffit que la hauteur de genouillère soit de 1^m,30 pour qu'on puisse faire reposer les gîtes sur le sol. S'il en était autrement, il faudrait rapporter des terres à l'emplacement des plates-formes, mais on ne doit recourir à cet expédient qu'en cas de nécessité absolue ; autrement il vaudrait mieux donner moins de relief à la batterie et creuser des rigoles de chaque côté des plates-formes.

Le revêtement est fait à l'inclinaison de

7/2, les joues des embrasures à terre coulante comme pour les autres batteries. On pourra former à l'ouverture intérieure des créneaux avec des sacs à terre pour se garantir contre la mousqueterie. On emploie pour cela les sacs du masque, que l'on enlève pour dégager les embrasures.

Disposition des travailleurs. La construction d'une batterie en sacs à terre n'exige pas plus de huit à dix heures quand on a un nombre suffisant de travailleurs. Un atelier de cinq hommes peut remplir cent sacs par heure. Si l'on suppose une batterie de deux pièces, il faut environ 2,500 sacs fermés et 8,000 sacs ouverts. Dix ateliers suffisent pour remplir tous les sacs en dix heures. Il faut en outre quatre hommes pour lier les sacs et des auxiliaires pour les porter aux dépôts. Si ces dépôts sont à 25 mètres de la batterie, il faudra pour porter les sacs trois colonnes de vingt-cinq hommes. Cinq canonniers par colonne reçoivent les sacs fermés et les disposent soit sur le masque, soit sur le revêtement. Cinq autres dament les terres. Les mêmes canonniers sont employés successivement à la construction des revêtements, des plates-formes et des embrasures.

49. *Batteries de couronnement.* Autrefois, les batteries de couronnement comprenaient les batteries de brèche et les contre-batteries, les premières destinées à ouvrir l'escarpe aux colonnes d'assaut, les autres devant contre-battre les pièces qui pouvaient prendre en flanc les batteries de brèche. Actuellement, avec la justesse et les grandes portées des canons rayés, on pourra toujours contre-battre de loin l'artillerie de la défense sans qu'il soit nécessaire pour cela de se placer dans le couronnement du chemin couvert. On pourra aussi presque toujours faire brèche de loin, et ce n'est qu'exceptionnellement, lorsque les murs d'escarpe seront suffisamment couverts, qu'on sera obligé de revenir à l'ancienne méthode.

Le couronnement du chemin couvert est tracé à 4 mètres de la crête, sa largeur au fond est de 3 mètres (fig. 26). La construction de la batterie se fait, comme pour celles qui sont placées dans la parallèle, en élargissant le terre-plein en arrière de la sape.

Le terre-plein a 8 mètres de largeur, afin de laisser un passage en arrière de la plate-forme. Le fond est tenu parallèle au terrain naturel et à 1 mètre au-dessous (fig. 27).

L'épaulement n'a que 4 mètres d'épaisseur, ce qui suffit, parce que l'on n'a pas à craindre de coups directs de l'artillerie; en revanche, comme on est tout près de la place et dominé par elle, il faut se couvrir contre les coups de mousqueterie par une hauteur d'au moins 2^m,50, déterminée dans chaque cas sur le terrain par les conditions de défilement.

La direction du tir est inclinée au-dessous de l'horizon, de manière à pouvoir atteindre le mur environ au tiers de sa hauteur à partir du bas, ou vers la moitié, si l'escarpe est surmontée d'une grande épaisseur de terres. La hauteur de genouillère doit être réduite, et les embrasures profondes sont revêtues comme il a été dit au chapitre précédent.

Il est indispensable de garnir les embrasures de portières, tant pour se mettre à l'abri de la fusillade que pour se garantir des éclats de projectiles ou de pierres qui rejaillissent en arrière.

Batteries de mortiers.

50. Les batteries de mortiers ne diffèrent des batteries de canons que par l'absence ordinaire d'embrasures; en raison de leur genre de tir, on devra toujours les enfoncer à une profondeur qui dépendra de la plus ou moins grande facilité que l'on trouvera à creuser le sol. Les plates-formes sont établies au même niveau que le terre-plein et à une distance de l'épaulement suffisante pour laisser passer les projectiles. Si l'on doit tirer à un angle inférieur à 30 degrés, on pratique dans l'épaulement de petites embrasures à contre-pente afin de ne pas trop éloigner la plate-forme. Le reste de la construction se fait exactement comme pour les batteries enterrées, que l'on adopte le profil des batteries rapides (fig. 22) ou celui de la figure 23, qui permet de se couvrir davantage. Il faut observer encore que dans ces batteries la direction de la crête couvrante n'est pas commandée par celle du tir; il pourra même être avantageux de l'obliquer par rapport aux directrices pour mieux se couvrir contre les feux dangereux. Il s'ensuit que les batteries de mortiers peuvent toujours être établies dans la parallèle, sans avoir à tenir compte de la direction de son tracé.

Les mortiers ne tirant pas avec une justesse convenable au delà de 1,000 mètres, les batteries de mortiers sont en général établies avec les batteries d'approche. On les traversera comme celles-ci de deux en deux pièces, et l'on peut réduire l'entre-axe de deux pièces voisines à 5 mètres, parce qu'il n'y a pas d'espace perdu par des talus entre les plates-formes, comme pour les canons.

Exceptionnellement, on pourrait établir des batteries de mortiers à une grande distance pour bombarder une ville sans but déterminé; on appliquerait alors à ces batteries les procédés de construction des batteries de première période.

Fig. 1. *Profil d'une batterie.*

LÉGENDE.

a b   Fond du terre-plein.
c d   Niveau de la plate-forme.
b e f   Talus intérieur.
f g   Plongée.
g h   Talus extérieur.

A   Écoulement.
B   Fossé.
C   Traverse pare-éclats.
D   Passage en arrière.
E   Passage en avant.

Fig. 2.

Fig. 3.

Fig. 4.

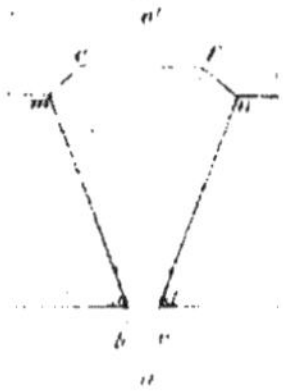

a a'   Directrice.
a b c d   Ouverture intérieure.
m e f n   Ouverture extérieure.
e b c f   Fond.
a b c m   Jour.

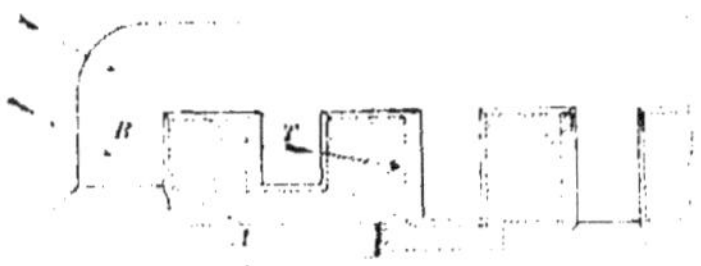

Fig. 5.

Fig. 6.

Fig. 7.

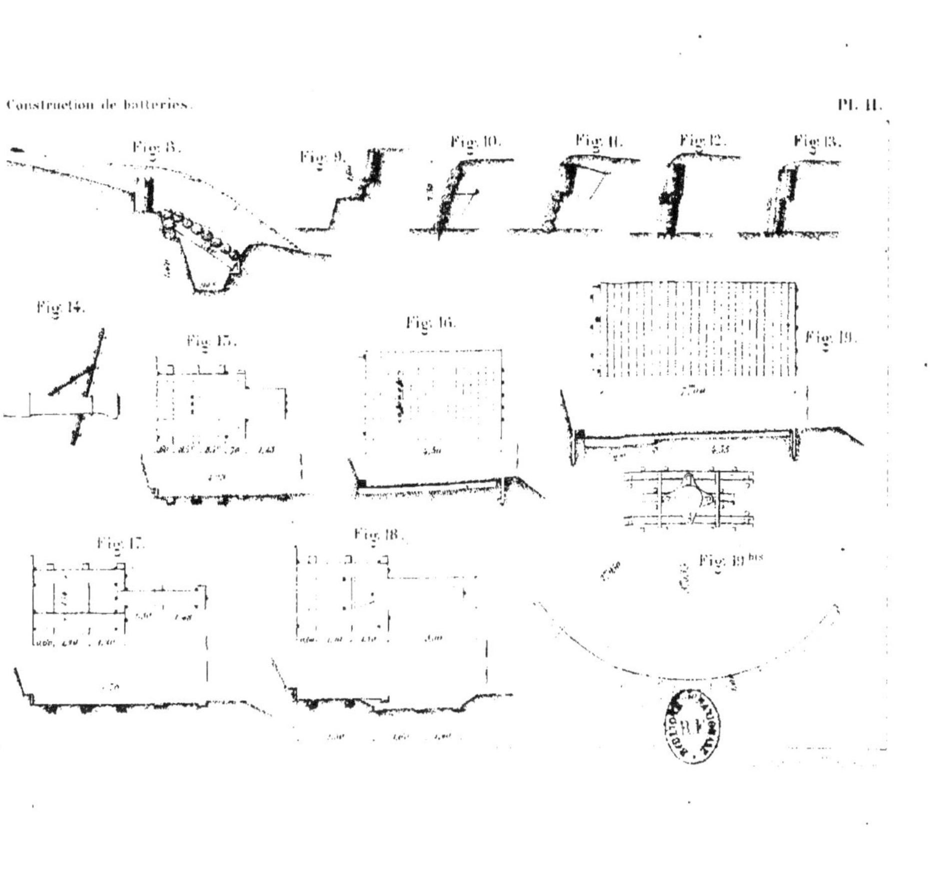

Fig. 8.
Fig. 9.
Fig. 10.
Fig. 11.
Fig. 12.
Fig. 13.
Fig. 14.
Fig. 15.
Fig. 16.
Fig. 19.
Fig. 17.
Fig. 18.
Fig. 19 bis.

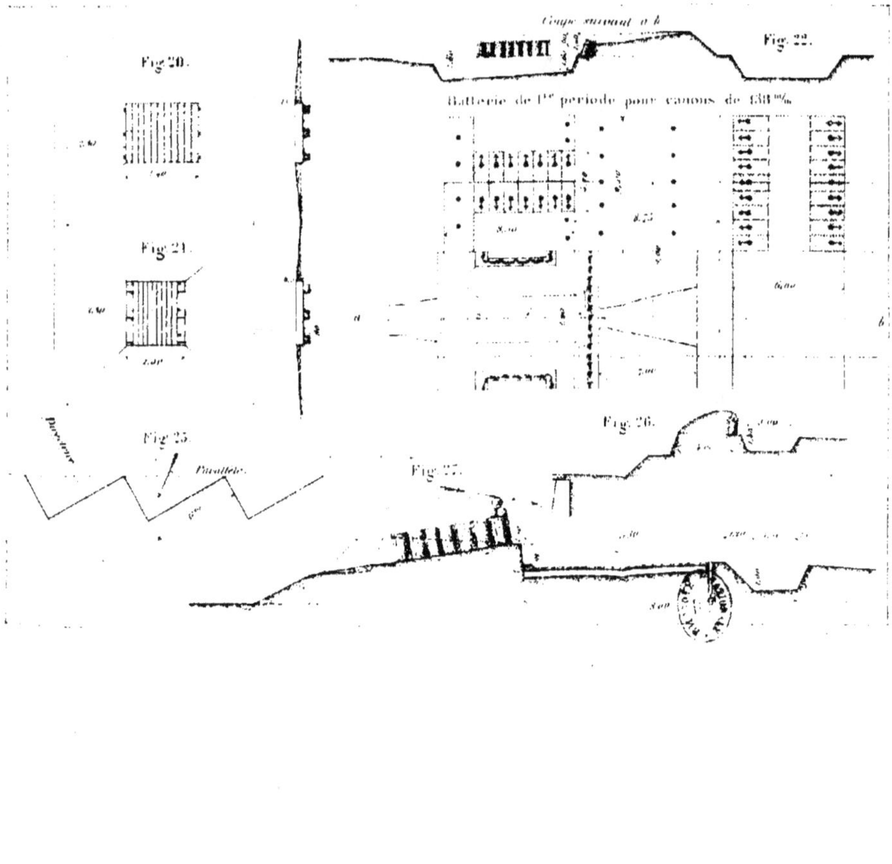

Fig. 20.

Fig. 21.

Coupe suivant a b

Fig. 22.

Batterie de 1re période pour canons de 138 m/m

Fig. 25.

Parallèle.

Fig. 26.

Fig. 27.

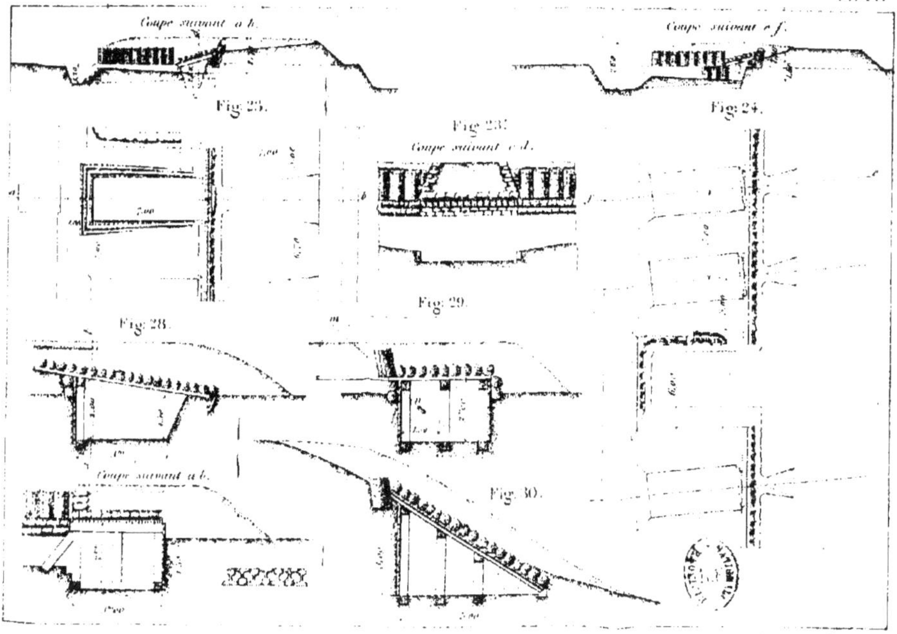

Coupe suivant a b.
Fig. 25.
Fig. 23.
Coupe suivant c d.
Fig. 24.
Coupe suivant e f.
Fig. 28.
Fig. 29.
Fig. 30.
Coupe suivant a b.

www.ingramcontent.com/pod-product-compliance
Lightning Source LLC
LaVergne TN
LVHW012206170726
843503LV00005B/1903